여가수 예찬

바람과 샘물이 만나 노래가 되다

여가수 예찬

펴낸날 2025년 8월 15일

지은이 M작가
펴낸이 주계수 | **편집책임** 이슬기 | **꾸민이** 이슬기

펴낸곳 밥북 | **출판등록** 제 2014-000085 호
주소 서울시 마포구 양화로 156 LG팰리스빌딩 917호
전화 02-6925-0370 | **팩스** 02-6925-0380
홈페이지 www.bobbook.co.kr | **이메일** bobbook@hanmail.net

© M작가, 2025.
ISBN 979-11-7223-103-3 (03810)

※ 이 책은 저작권법에 따라 보호받는 저작물이므로 무단전재와 복제를 금합니다.

〈일러두기〉

- 책의 모든 글은 가수 개개인이 부른 노래와 노래 제목을 기반으로 하고 있습니다.

- 책 속의 내용은 작가와 무관합니다.

- 노래 제목은 따옴표에 굵은 서체로 표시 했습니다.

- 글의 배열은 무대 가수를 소개하는 사회자의 컨셉으로 정리되었으며, 제목을 두지 않고 시작합니다.

작가의 말

오래전부터 나는 조금 특별한 감성의 여성가수를 찾고 있었다.

나의 여성가수를 찾는 일은, 어느 날(1995년) '친구야'로 시작되는 글을 쓰게 되고 또 그것을 노래로 만들면서부터였다. 노래에는 힘겨운 시대를 살고 있는 젊은 친구들을 향한 위안과 조언이 담겨 있고, 그리고 노래를 불러야 할 가수의 목소리에는, 모성의 따스함과 음악의 열정이 동시에 느껴지는 그런 폭넓은 감성이 배어 있어야 했다.

그런데 그 일에 30여 년이라는 긴 시간이 소요될 수밖에 없었던 것은 아직 그 노래가 완성에 이르지 못했기 때문이었다. 가슴속에서의 노래는 이미 완성되어 있었다. 그리고 완성된 노래를 주변 사람들에게 들려주기도 했다. 문제는 기보를 위해 책상에 앉기만 하면 솟구치는 극도의 슬픈 감정과 눈물이 방해가 되어 더 이상 작업을 진행할 수 없었다.

나는 결국 악보를 잠시 접어두고 다른 일에 몰두하게 되었다. 그러나 나의 여성가수를 찾는 일만은 멈추지 않고 계속되었다. 만일 노래가 원하는 목소리를 찾기만 한다면, 단숨에 남은 작업을 완성하리라 생각했다. 그런 가운데 나는 자연스레 한국의 수많은 여성가수 노래를 접하게 되었고, 또 접하는 노래에서 받았던 어떤 느낌들을, 나만의 언어적 감성으로 재해석하여 짧은 시나 무대에서의 소개 멘트처럼 스케치해 보기도 했다. 말하자면 이 책 속에는 지난 과정에서 유난히 나의 감성을 자극했던 여가수의 노래에 대한 음악적 느낌들이 새겨져 있다.

누군가에 대한 애정의 표시나 존경의 표현이 미지근하게 비친다면, 외려 표현하지 않은 것만 못할 수 있다. 그런 의미에서 나는, 책 속의 여가수 한 사람, 한 사람에 대한 느낌을, 다양한 시각으로 바라보고 또 오랜 시일에 걸쳐, 내용을 극대화하기 위해 마음 썼다. 혹여 일상의 반경을 벗어난 과한 표현이 있다 해도, 그만큼 이제까지 가수를 찾는 일에 있어서의 간절함과 또한 그들에 대한 각별한 애정이 책 속에 뜨겁게 녹아있는 것으로 이해해 주었으면 한다.

그럼 이제, 탁월한 감성을 지닌, 한국과 일본 양국의 여가수 노래와 그 속에 숨겨져 있는 흥미로운 이야기를 찾아, 달력에 표시한 적 없는 가벼운 일상의 여행길처럼 그렇게 잠시 떠나 보기로 하자.

차 례

작가의 말 11

1장 / 한국 여가수 I

K팝의 시리우스-윤시내 12 | 정적을 노래하는 시인-박인희 13 | 한국 대중음악의 아방가르드-양희은 14 | 베일의 프리마돈나-심수봉 15 | 7080 타임머신-혜은이 16 | 한국융합음악의 마고-김수희 17 | 대한민국 음악신녀-한영애 18 | 케이 팝의 가이아-인순이 19 | 개똥벌레의 기적-신형원 20 | 포크계의 아리새-남궁옥분 21 | 청시노-이정희 22 | 센티멘털 히어로-양하영 23 | 최후의 트롯-주현미 24 | 아트뮤직의 폴라리스-장필순 25 | 감성에너지 탱크-정수라 26 | 실로써 득한 예인-우순실 - 27 | 노래 나이 꽃다운 서른-나미애 28 | 숨어 우는 바람 소리-이정옥 - 30 | 풋풋한 사랑 향기-원미연 31 | 감성의 블랙홀-장혜진 32 | 움직이는 활화산-박미경 33 | 무지개여신-양수경 34 | 아이돌계의 샤넬 NO.5-강수지 35 | 음악적 페르소나-김완선 36 | ADIEMUS-이소라 37 | 판타스틱 슈퍼스타-엄정화 38

2장 / 한국 여가수 II

특별한 가을 서시-적우 42 | 선의 도발적 미학-소찬휘 43 | 가요와 재즈 사이-조원선 44 | 한국 시티 팝의 희귀보석-서영은 46 | 유혹의 포레스트-웅산 47 | 카메라 두루치기-이예린 48 | K팝의 파스텔-박혜경 49 | 한국 대중가요의 혁명-리아 50 | 서정적 해머 라커-마야 51 | 비트뮤직의 아르케옵테리스 리소그라피카-김현정 52 | 향기로운 카리스마-왁스 53 | 뮤직 범블비-박정현 54 | 감성 굴착기-백지영 55 | 판타스틱 아나키스트-박기영 56

│ 바닐라시럽 향 보이스-리즈 57 │ 무대 발사 탄도미사일-서문탁 58 │ 뮤직 레이저 수소폭탄-소향 59 │ 지구 마지막 불가사의-이수영 60 │ 변화의 아모르-양파 61 │ 불멸의 칼리오페-바다 62 │ 클래식 팝의 에메랄드-옥주현 63 │ 춤추는 꽃무릇-이정현 64 │ 비밀의 기억 상자-린애 65 │ 바이브의 바이블-소나 66 │ 보헤미안 팝 싱어-정인 67

3장 / 한국 여가수 III

생명의 전율-유미 70 │ 폭풍의 핵!-거미 71 │ 싱어 송 아프로디테-임정희 72 │ 마약보다 강렬한 엔도르핀-이영현 73 │ 노림픽 5연승-차지연 74 │ 감각적 테크니션-박화요비 75 │ 드림피시가 된 럼블피시-최진이 76 │ 매콤달콤 치킨양념 보이스-알리 77 │ 호호불Rock-김연지 78 │ K팝 아티스트 No.1-보아 79 │ 전설의 꽃-이해리·강민경 80 │ 미래 청약가수 1순위-윤하 82 │ 메타버스급 대형가수-김보형 84 │ 한국 퍼포먼스예술의 플루토늄-스테파니 85 │ 뮤직 원더우먼-에일리 86 │ 얼음꽃-김연아 87 │ 5차원 미래소녀-장재인 88 │ 음반 위의 요정-벤 89 │ 21세기 가장 위험한 꼬리-선미 90 │ 붉은 목소리-슬기 91 │ 치명적 악녀-아이유 92 │ 그리움의 시 하나-신지훈 93 │ 알처럼 하늘에서 뚝 떨어진 가시내들-바버렛츠 94 │ '싱어게인 2'의 노래별-김소연 98 │ 작은 라임 오렌지나무-김유하 99

4장 / 한국 걸그룹

K팝의 대폭발-원더걸스 102 | 시대 초월-소녀시대 103 | Lonely에서 Happy까지-2NE1 104 | 뷰티 뮤지션-쥬얼리 105 | 동방의 여전사들-티아라 106 | 미래우주의 파편-크레용 팝 107 | 불량천사 걸그룹-레이디스 코드 108 | K팝의 신기원-피프티 피프티 110

5장 / 크로스오버

신이 꺼낸 미래의 소리카드-김가을 114 | 저승사자 여자친구 노래 사자-최예림 115 | 도시에 숨겨진 소리 화초-하윤주 116

6장 / 트롯 여가수

해남의 예술-미스김 120 | 코메리칸 트롯싱어-마리아 121 | 황트로 뮤지션-황우림 122 | 가을빛 노래 향기-배아현 123 | 한양의 트래식 명인-정다경 124 | 창조의 여신-염유리 125 | 트롯 스프링클러-김의영 126 | 글로벌 트롯스타-별사랑 127 | 꿀떡 소리 보유자-김소유 128 | 무대 위의 유레카-김유라 129 | 노다쥐-강혜연 130 | 순백의 민트롯-양지은 131 | 행위트롯 개발자-주미 132 | 진도 땅 Song보 대사-송가인 133 | 트롯 포인트-마이진 134 | 초강력 헥토파스칼 감성기압 보이스-홍자 135 | 트롯 버터플라이-김양 136

7장 / 일본 여가수

일본 시티팝의 신세계-다케우치 마리야 140 | 영원히 지지 않을 사쿠라-이시카와 사유리 141 | 일본가요의 순수절정-오카무라 다카코 142 | 일본 아이돌의 숨-마츠다 세이코 143 | J팝의 초현실주의-나카모리 아키나 144 | 뮤직 소울메이트-우타고코로 리에 145 | 우아한 개벽-우타다 히카루 146 | 하이브리드 뮤지션-나카시마 미카 147 | 일본 융합음악의 에이스-나츠코 148 | 한일 음악사의 새바람-마코토 149 | 일본 대중가요의 미래-후쿠다 미라이 150 | 사랑과 자유의 메신저-소희 151 | 일본사람 큐티 싱어-카노우 미유 152 | 한일뮤직 콤파스-스미다 아이코 153 | 일본 대지의 젊은 향기-아즈마 아키 154

8장 / 한국 음악방송 사회자, 한국 소프라노, 언더그라운드

한국 음악방송의 페스탈로치-김동건 158 | 꿈 그린 목소리-소프라노 박혜상 159 | 시율의 눈꽃송이-한강 160

9장 / 한국가요계의 전설

우주최다 공연가수-하춘화 164 | 가슴속 영원한 음악적 연인-정훈희 165 | 노래의 화신-패티김 166 | 한국가요의 일급생명수-박재란 167 | 대한민국 최고의 여가수-현미 168

편지 170   '친구야' 노랫말 171   에필로그 174

1장

한국 여가수 I

1986년 열정적 A팝 가수
레이디 가가 $^{Lady\ Gaga}$ 가
탄생하기 전
1950년대의 대한민국에
도발적 K팝 가수
시내 GA⌒ga 존재하였다

K팝의 시리우스
- 윤시내 -

도발적 **'열애'** 후의
선도적 열창 **'공부합시다'**

★ 전언 ★
GA⌒ga와 Gaga의
세기적 콜라보를 기대합니다.

♬ 신곡: **'인생이란'**
◆ 시리우스: 가장 밝은 별

땅속 깊이
뿌리내린 정적이었다가
다시금 흘러 흘러
'세월이 가면'
아마도 당신은
그리움을 비추는 고요한
밤바다가 되려는 게지요

정적을 노래하는 시인
- 박인희 -

♬ 조용한 명곡: **'모닥불'**

외람되오나 님의 노래는
여명의 새벽하늘을 가른
한줄기 섬광이었습니다
그로써 '**아침이슬**' 노래는
모두의 가슴에 희망처럼
뚜렷이 각인되었습니다

한국 대중음악의
아방가르드
- 양희은 -

♬ 신곡: '늘 그대'
♬ '**아침이슬**'[원곡가수 김민기]

과거만이 녹아 있는
신묘한 현재의 목소리
그리고
그 깊이를 가늠할 수 없는
아찔한 심연의 연가

베일의 프리마돈나
- 심수봉 -

'**백만송이 장미**'보다
짙은
사랑의 향기 '**비나리**'

♬ 신곡: '**부부행진곡**'
♬ '**백만송이 장미**'[러시아 번안곡]
◆ 프리마 돈나(prima donna, 이탈리아어): 악극에서의 주역을 맡은 여성가수

예컨대
'새벽 비'가 내릴 때
'제3 한강교'를 지날 때
그리고
'계절이 지나는 강가에서'
저는 늘
초롱한 눈망울의 당신과
함께
하지 않을 수 없었습니다

'그래'?

7080 타임머신
- **혜은이** -

♫ 신곡: **'물비늘'**

바람과 샘물이 만나 노래가
되고
창^{唱}, 트롯^{trot}, 팝^{pop}이
융합하여 김수희가 되었다

한국융합음악의 마고
- 김수희 -

'너무합니다'
남들은 한 가지도
이루기 힘든 것을

♬ 신곡: '잘 있나요 모모씨'
♦ 마고: 태초의 여신[부도지]

북소리 울리고
주술과도 같은
그녀의 노래가 시작되면
이윽고 대지의 정령들이
불꽃 춤을 추며 침묵 속
태초의 율려를 일깨운다
하
늘
님이여-
하늘님이여-
그 옛날 하늘빛처럼
'조율' 한번 해주소서

대한민국 음악신녀
- 한영애 -

♬ 신곡: **'바람'**

말하자면 그녀는
케이팝의 큰이모
걸그룹의 왕언니
군통령의 끝통령
좋다, 좋다, 다 좋다
그러나
'실버들'의 울림을 모르고서
정녕 그녀의 소울을
안다 할 수 있을까?

케이 팝의 가이아 ^{GAEA}
- 인순이 -

♬ 신곡: **'행복'**
- **'실버들'**은 1978년 3인조 걸그룹 희자매로 데뷔하며 불렀던 노래이다. 특히 솔로로 리메이크된 블루지한 분위기의 음색이 매력의 핵이다.
- 가이아(GAEA): 대지의 여신

처음에는
'개똥벌레' 만 한 작은
'불씨' 였습니다
'유리벽', '터', '서울에서 평양까지'
그로써
당신의 노래는
거대한
불길이 되었습니다

개똥벌레의 기적
- 신형원 -

아리새의
인간이 되기를 갈망하는
애절한 노래
'나의 사랑 그대 곁으로'

아리새의
인간이 된 연후 부르는
신나는 노래
'사랑 사랑 누가 말했나'

포크계의 아리새
- 남궁옥분 -

♫ 신곡: '연민'

그 시절 노래는
'그대 생각'으로
시작되어
'바야야'로 번지고
'그대여'로
불타올라
'나는 행복한 사람'으로
마무리
되었습니다

[청춘 시절 노래]
청시노
– 이정희 –

♬ 신곡: **'스윙'**

'촛불 켜는 밤'
아,
순수한 노랫말에 가슴이 저리고
바람처럼 멀리서 불어오던 그
음률에
심장이 아려서 잠 못 이룬 적이
한두 번 아니었습니다

센티멘털 히어로
- 양하영 -

♬ 신곡: '가슴 뭉클하게 살아야 한다'
♬ 영원한 명곡: '가슴앓이', '갯바위'

그대 음악이 되면
나는
　'**여백**'이 되고
그대 바람이 되면
나는
　'**허공**'이 되리

최후의 트롯
- 주현미 -

♪ 신곡: '**돌아오지 마세요**'
♪ 명곡: '**신사동 그 사람**'
♦ '**허공**'[원곡가수 조용필]

적어도

인생 계절로써 가을 너머의

그리고

인생 의미로써 황혼 이후의

정경을

그녀는 청춘의 화폭에 그려내고

있었다

아트뮤직의 폴라리스
- 장필순 -

인생과 사랑에 아파하는

모든 영혼에 안겨주고픈

그 노래

'나의 외로움이 널 부를 때'

♬ 신곡: '눈부신 세상'
◆ 폴라리스(Polaris): 북극성

나이초월!　　절대미모!
국경초월!　　절대감성!
음역초월!　　절대파워!

감성에너지 탱크
- 정수라 -

'환희'를 노래한
'아, 대한민국'의 그 어떤
가수에게서도
당신 노래만큼
온몸
짜릿한 희열을 느끼지는
못했습니다

♬ 신곡: '도라지 꽃'

님의 이름 석 자 가운데 모음 하나를 재배치하면 불멸의 히트곡 **'잃어버린 우산'**과의 운명적 상관관계를 도출할 수 있습니다

실^失로써 득^得한 예인
- 우순실 -

정답 : '잃어버린 우산'=
우 순 실 / 우 산 실[失]

♬ 신곡: '윤회'

30년을
무명으로 살았다 하였습니까?
그래서
그것이 한스럽다는 말씀인가요?
네, 네, 잘 알겠습니다
하온데 여기
유아의 가슴으로 소리 하나 품은 후
지학, 약관, 이립, 불혹, 지천명
그리고 저
고달픈 이순의 고개를 넘기까지
오직
부질없는 학습만을 되풀이하며
또한
금방이라도 터져 나올듯한 가슴속
울림을
속으로, 속으로만 잔인하게 삼켜야 했던
그런 기막힌 음악인생이 있었다는 것도
기억해 주었으면 합니다

[2014년]

노래 나이 꽃다운 서른
- 나미애 -

님의 '**치맛자락**'은

이미

휘날리고 있습니다

♬ 신곡: '**꿈에라도 한번**'
♬ 볼 때마다 소름 돋는 노래영상: '**님은 먼 곳에**'
◆ '**님은 먼 곳에**'[원곡가수 김추자]

잠시 머무는가 하더니
이내
구름만 구름만 멀어져갔다
그녀는 환상이었고
그리고
다만 흩어질 뿐이었다
그녀는 나의 향기가
될 수 없었던 것이다

'숨어 우는 바람 소리'
- 이정옥 -

♬ 신곡: **'가슴 가득'**

연필로 그려내는
그녀만의
독특하고 참신한
화선지 위의 　풍
　　　　　　　경
　　　　　　　화

풋풋한 사랑 향기
- 원미연 -

짧은 만남 후의
　　　긴
　　　긴
'이별 여행'

♬ 신곡: **'바람아 불어라'**

그러니까…
'서태지와 아이들'로 세상이
발칵 뒤집혔던 무렵
그 무렵의 대한민국에
그녀처럼
세련되고 하이테크한 발라드를
구가하는 여가수는 없었다
진정 그녀는 시대를 앞서가고
있었다

감성의 블랙홀
- 장혜진 -

♬ 신곡: '이별에게 졌나 봐'
♬ 명곡: '1994년 어느 늦은 밤'

'이브의 경고'

'벗들아'
'이유 같지 않은 이유'
대지 말고
'화요일에 비가 내리면'
'돌아와'

움직이는 활화산
- 박미경 -

세상에 단 하나뿐인
우수 雨水 한 목소리의
당신 노래를 듣노라면
나도 모르게 어느새
온몸이 흠씬 젖곤 합니
다

'그대는'
'창밖의 빗물 같아요'

무지개여신
- 양수경 -

♪ 신곡: '사랑하세요'

젊음의 시간은
극히 짧은
한순간일 뿐이었습니다
하지만
그날 그 **'시간의 향기'**는
님의 노래처럼
오늘도
샹그리하게 번져가고
있습니다

'늘 함께였으면'
그러나
'흩어진 나날들'

아이돌계의 샤넬 NO.5
- 강수지 -

♬ 신곡: **'아름다운 너에게'**

당신은
사람을 세 번 죽입니다
섹시한 목소리로
농염한 몸짓으로
그리고
차가운 듯 뜨거운 듯
도무지 알 수 없는 그
눈빛으로

음악적 페르소나
- 김완선 -

'나 홀로 뜰 앞에서'
'리듬 속의 그 춤을'

♫ 신곡: 'OPEN YOUR EYES'
◆ 페르소나(persona): 가면

인어의

인간을 유혹하는

관능적 오묘함의

소리　-　아니

울림!

ADIEMUS
- 이소라 -

'청혼'

만날 거예요 우리 결혼해요~♪

하지만

'너무 다른 널 보면서' -_-!

♬ 신곡: **'이제 그만'**

◆ 아디에무스(ADIEMUS): 성스러운 바다의 노래

무대
위에서의 눈부신 당신
모습은
모든 남자의 활력과도
같았습니다
원컨대
그날 그 'poison'의 무대로
저희 남자들을
다시 '**초대**'해 주실 수
없겠는지요?

'몰라'

판타스틱 슈퍼스타
- 엄정화 -

2023년 12월 9일
잠실체육관에서 24년 만의 무대가
실현되었다.

♬ 신곡: '**겨울부터 겨울까지**'

2장

한국 여가수 II

님의 감성적 근저는

가을이 아닌가 합니다

왜냐면

저는 님의 노래에서

외로움과 숙연함과 풍성함을

동시에

느낄 수 있기 때문입니다

특별한 가을 서시
- 적우 -

'하루만'

'널 원해'

'못된 사랑 OST'

♬ 신곡: **'마더'**

한 恨 의
Rock적
고　　찰

'tears'!

무슨 사설이 더
필요하겠습니까?

선의 도발적 미학 美學 -
곱창구이 철판 찢는 소리 -
- 소찬휘 -

♫ 신곡: 'Tatoo'

사랑하는 사람에게

쓰는

'우울한 편지'

나는 지금
    당
    신
    의
집으로 향하는
    어
    느
정류장에서
    나
    의
고독을
    기
    다
    리
    고
있습니다

가요와 재즈 사이
- 조원선[롤러코스터] -

'도레미파솔라시도'는
스윙스윙~
당신은 '살랑살랑'~

♬ 신곡: '그래 그건 그렇고'

이 시대의
한국가요를 답습함에 있어
어찌
보석과도 같이 반짝이는
당신의 노래를
간과할 수 있겠습니까?
'혼자가 아닌 나'
그것은
한국 시티팝의 절정이었고
전율이었습니다

한국 시티 팝의 희귀보석
- 서영은 -

♪ 신곡: '걱정마요', '참 잘했어요'

은밀한…… 리듬의
노래결에 몸을 실어
나는
'yesterday' 어제도
오늘도
'tomorrow' 내일도
정념의 숲으로 간다

유혹의 포레스트
- 웅산 -

♫ 신곡: '가나다라 브루스'
◆ 포레스트(forest): 숲

1994년

'포플러나무 아래서'

이제 막, 노래를 하려는

순간

갑자기 마른하늘에 날벼락이

그녀의 머리를 세차게 때렸다

그로써 그녀는

방년 20세의 젊은 나이에

한국 음악무대의 아픈 전설이

되었다

카메라 두루치기
- 이예린 -

♬ 참신한 명곡: '늘 지금처럼'
- 음악의 3요소: 리듬, 멜로디, 하모니
- 그녀의 3요소: 리듬, 섹시, 카메라

새

하얀

외로움의

여백에 스치는

짙은 보랏빛 그리움의

선율

K팝의 파스텔
- 박혜경 -

-'너에게 주고 싶은 세 가지'-
'빨간 운동화', '미소', '어제'

한국을 대표하는
가장 쫀득한 목소리의 소유자
저음에서 고음으로의
급반전 매력은 한 마디로
죽인다!

한국 대중가요의 혁명
- 리아 -

당신은
한국가요의 **'고정관념'**을 깼어요
그런데
'네 가지 하고 싶은 말'이 뭐죠?

♬ 신곡: 'Can't Stop Music'

소월의
여리고 애틋한 '**진달래꽃**'을
그토록
강렬하고 '**쿨하게**' 노래할 줄은
꿈에도
생각지 못했습니다
기억하십시오
이제 그대는
소월을 사랑하는 모든 사람들의
미워할 수 없는 적이 되었습니다

서정적 해머 라커
– 마야 –

♬ 신곡: 'Good Day And Good Bye'

'정거장'에서 '혼자 한 사랑'
'버스 안에서' '7년간의 사랑'
'너 정말?' '더 잘해 봐' '순종'

'그녀와의 이별' '작살' '멍'

'끝이라면' '단칼' '다 돌려놔'
'운명이 날 속여서' '떠난 너'
'아파요' 하지만 '울지 않아'
'굳세어라 현정아' '자유선언'

비트뮤직의
아르케옵테리스 리소그라피카
- 김현정 -

♬ 신곡: '내가 선택한 길'[태풍의 신부 OST]
◆ 아르케옵테리스 리소그라피카(Archaeopterys lithographica): 약 1억5천만 년 전의 시조새

나는 당신의 노래를

귀가 아닌 눈으로 감상합니다

왜냐면

당신의 노래에서는

아스팔트를 뚫고 나온

수선화의

도도한 자태가 느껴지기

때문입니다

향기로운 카리스마
- 왁스 -

'화장을 고치고'

그보다 가슴 찡한 노래

'엄마의 일기'

♬ 신곡: '사랑하기 때문에'

이제
당신의 정체를 밝혀주십시오
당신의 그
발음과 발성 등의 독특한 창법은
분명
지구인과는 확연히 다릅니다
뭔가를
계산하듯 복잡한 손놀림도
그러하고요
혹 당신은
지구 밖 우주생명체의 존재를
홍보하기 위해 온 외계 가수가
아니신지요?

[1998년]

'이젠 그랬으면(말했으면) 좋겠네'

뮤직 범블비
- 박정현 -

- 🎵 신곡: **'그대라는 바다'**
- ◆ **'이젠 그랬으면 좋겠네'** [원곡가수 조용필]
- ◆ 범블비: 2018년 상영된 SF영화에 등장하는 로봇 이름

'그런 여자' '사랑 안 해'
'나쁜 사람'
'돌아와 줘'
'나 때문에'
'안 되겠니'
싫
다

감성 굴착기
- 백지영 -

♬ 신곡: '사랑 앞에서 난 바보가 돼'

독일에 클래식 팝의
헬레네 피셔 ^{Helene Fischer} 가 있고
영국에
뉴에이지의 엔야 ^{Enya} 가 있다면
그렇다면 한국에는 멀티싱어
그녀가 있다

판타스틱 아나키스트
- 박기영[어쿠스틱 블랑] -

'Nella fantasia'

♬ 신곡: **'사랑이 닿으면'**
◆ **'Nella fantasia'**[원곡가수 사라 브라이트만]

슬픔마저 시럽처럼 녹여내는
신비의 목소리
그래서
아파할 수만 없는
달달한 당신의 이별 노래가
그리워집니다

바닐라시럽 향 보이스
- 리즈 -

'그댄 행복에 살 텐데'

'태양을 삼킨 달'

즉

플러스와 마이너스의 융합

그리고

대폭

발!

[STBM]
무대 발사 탄도미사일
- 서문탁 -

북한에서도, 하루속히 STBM을
개발하기를 남한은 희망합니다
그리하여 세계만방으로 희망의
축포를 발사했으면 좋겠습니다

♬ 신곡: **'이 밤을 지나'**
- 'STBM'은, 대륙간탄도미사일 'ICBM'에서의 IC를 ST(STAGE)로 바꿈. 즉 노래무대를 의미함.

데프 디바 Def Diva

천국에서 지옥까지의 음역

그러므로

섣부른 흉내는 스스로

목숨을 위해 할 수 있음을

미리 경고함!

뮤직 레이저 수소폭탄
Music Laser Bomb[M.L.B]
– 소향 –

서문탁의 STBM과, 소향의 MLB는 세계가 인정한 음악적 미사일이며 이외에도 대한민국에는 그들에 버금가는 수많은 예술적병기가 있다 그에 대한 세부 기밀은 천해의 음악 요새, '불후의 명곡' '복면가왕' 등으로 침투하여 확인 할 수 있다

♬ 신곡: **'Higher'**
◆ 백미: **'You Raise Me Up'**[원곡가수 Brian Kennedy]
◆ Def Diva: 끝내주는 혹은 끝을 보는 가수

신기하다!
노래에서 멘소래담 향이
@-@
꾸준히 바른다면 어쩌면
아픈
가슴이 풀리지 않을까?

그리되리라 믿어요
'I Believe'
'라라라' '휠릴리'~

지구 마지막 불가사의
- 이수영 -

♬ 신곡: '천왕성'

소녀의 속삭임

여자의 설레임

여인의 일렁임

그리고

한 울림을 향한 그녀의 뜨거운

변화는 아직도 끝나지 않았다

변화의 아모르
- 양파 -

'사랑 그게 뭔데?'

'다 알아요', '알고 싶어요'

대체 무슨 말씀인지?

♬ 신곡: **'12월엔'**
◆ 아모르(Amor): 로마신화의 '사랑의 신'

당신의 본성은 허공이기에
끝없이 자유로울 것이며
당신의
노래는 바람이기에 영원히
머무르지 않을 것입니다

불멸의 칼리오페
- 바다 -

'나만 부를 수 있는 노래'
희망 후속곡
'함께 부를 수 있는 노래'

♬ 신곡: **'국지성 호우'**
◆ 칼리오페(Calliope): 그리스신화의 아홉 뮤즈 중 으뜸

그 맑음이 호수와 같아
비추지 못할 것이 없고
그 넓음이 대양과 같아
이르지 못할 곳이 없다

클래식 팝의 에메랄드
- 옥주현 -

'나는 나만의 것'
희망 후속곡
'나는 모두의 것'

성희와 주현은
같은 해에 태어나 서로 다른 이름의
뮤즈가 되었다
SES & 핑클
해서 그들은 서로가 서로를 비추며
어제도 오늘도
아름다운 경쟁자로 살아가고 있다

♬ 신곡: '난'

당신의 노래 '**와**' 춤은

지난 세기

한국 여가수에 의한

대중가요 사조에 있어

실로 큰 충격이었습니다

이제

오늘에 이르러 정중히

묻겠습니다

'**너**' 또 '**미쳐**' '**줄래**'?

춤추는 꽃무릇
- 이정현 -

♬ 신곡: '**브이**'

단언컨대
일본가요를 **'이별후애'**처럼
그토록 아름답게 편곡하고
또
섬세하게 노래한 여가수는
없었습니다

사실 여부는 모두의
'기억 상자'를 열어봄으로써
아시게 될 터

'비밀'의 '기억 상자'
- 린애 -

◆ **'이별후애'**: 원곡 **고이비또요**(戀人よ, 연인이여)[이츠와 마유미(五輪真弓)]

원곡가수 이츠와 마유미는
자작곡 '고이비또요'를 통해
일본가요의 전설이 되었다

때로는 부드러운 털실처럼

때론

가녀린 명주실처럼 그렇게

자유자재로 뽑아내는

그녀의 노래는

겨울엔 따뜻한 스웨터가 되고

여름엔

시원한 쿨 셔츠가 된다

'나야'

바이브의 바이블
- 소냐 -

♬ 신곡: **'예술고양이'**
- 바이브(vibe): 분위기, 느낌
- 바이블(Bible): 성서

그날 밤

동해바다 정동진의

거친 바람결은

한여름 뜨거웠던 연인들의 사랑을

모래알처럼

흩뿌리고 있었다

'짜잔'

보헤미안 팝 싱어

- 정인 -

모래 섞인

정동진 바람결 목소리의

당신이 '**미워요**'

♬ 신곡: '**증인**'

3장

한국 여가수 III

구강으로 노래합니다
가슴으로 노래합니다
아닙니다 당신은
심장으로 노래합니다

'why'?
혹여
'싸구려 반지' 때문인가요?

생명의 전율
- 유미 -

당신의 노래가 끝나면
나의 심장도 함께
멎을 것 같은
카타르시스를 느낍니다

♬ 신곡: **'사랑은 주었다'**

폭풍의 핵!
あらし[아라시]!!
Tornado[토네이도]!!!
Hurricane[허리케인]!!!!
- 거미 -

하지만

폭풍의 핵 그 속에는

꽃 순처럼 여린 소녀의

감성이 자리하고 있음을

느낄 수 있습니다

'내 생각 날 거야'

'기억상실'

♬ 신곡: **'그댈 위한 노래'**
◆ 아라시(あらし): 광풍

서대의 멋과
홍대의 맛이
조 화 된
음악적 기품
'golden lady'
yo~
'Feel so good'

싱어 송 아프로디테
- 임정희 -

♪ 신곡: 'Not 4 Sale'
◆ 홍대: 홍익대학교
◆ 서대: 임정희의 출신학교인 서울예술대학
◆ 아프로디테(Aphrodite): 그리스신화의 사랑과 미의 여신

'천년의 사랑'

오, 오!

아마 소프라노의 거장

마리아 칼라스도 그렇게

부르지는 못했을 겁니다

이윽고

당신의 노래 '**연**'을

듣습니다

마약보다 강렬한 엔도르핀

- 이영현[빅마마] -

♬ 신곡: '**나 없이 잘살 텐데**'[빅마마]
- **'천년의 사랑'**[원곡가수 박완규]
- 마리아 칼라스(Maria Callas, 1923.12.2.~1977.9.16.): 전설적인 그리스계 이탈리아 오페라 가수

'그대를 그대만을'

위한

응원의 3행시

차: 차선은 없다

지: 지면 끝이다

연: 연승뿐이다

'Run Devil Run'

노림픽 5연승
- 차지연 -

♫ 신곡: '내 삶이 흘러가'
- **'Run Devil Run'**[원곡가수 소녀시대]
- 노림픽: 노래+올림픽[복면가왕 방송]

털이 많은

페르시안 고양이를 쓰다듬듯

부드럽고 섬세한 터치에

앙증맞은

토이푸들 강아지를

끌어안을 때처럼 격한 포옹

그것이 곧

그녀만의 특별한 발성이다

'어떤가요'?

'후'~ㅅ *^^*

감각적 테크니션
- 박화요비 -

♬ 신곡: '바람 같은 그대를'

고래는 매일
하늘만을 바라보고 있었다
고래는
더 큰 자유를 꿈꾸고 있었던
것이다
어느 날
구름이 내려와 고래를 감싸고는
바다보다 깊고 넓은 하늘을 향해
조용히 떠올랐다
그리하여 고래는
하얀 꿈이 되어 자유로이 하늘을
날게 되었다

드림피시가 된 럼블피시
- 최진이[럼블피시]-

'좋은 사람[고래] 있으면
소개시켜줘'

♬ 잊지 못할 명곡: **'으라차차'**

알 수 없는 아픔이

가시처럼 목에 걸려

소리쳐도, 소리쳐도

풀리지 않아 -

'별짓 다 해봤는데'

풀리지 않는다는 거죠?

그럼

치킨양념 송으로 한번

풀어보심이 -

[전 국민이 사랑하는]

매콤달콤 치킨양념 보이스

- 알리 -

♬ 신곡: **'얼마나 아파야 잊을까요'**
♬ 미발매곡: **'진달래꽃 피었습니다'**

참
맛있게 먹는 모습이다
그런데 때로 그녀는
폭식도 하는 것
같다
다른 사람은 알지 못하는
혼자만의
뜨거운 그 무엇인가를…

호호불Rock
- 김연지[씨야] -

- 듣고 마시는 락 -
'Whisky on the rock'[원곡가수 최성수]

♫ 신곡: **'가슴으로 운다'**

이슬처럼 맑은 아이의 미소

'봄비'처럼

촉촉한 소녀의 목소리

그리고

변함없는 여자소녀아이의

현란한 춤사위

'CAMO'네~

K팝 아티스트 'No.1'
– 보아 –

♬ 신곡: 'Forgive Me'
◆ 'CAMO'네(かもね): ~ 일지도

저 먼 옛날의 옛날을
회상하며
아픈 가슴을 노래하는
노란색 프리지아와 흰색 히아신스

전설의 꽃
- 이해리·강민경[다비치] -

[이해리 : 프리지아]
오직
자기 자신만을 사랑하는 마법에 걸린
나르키소스는
어느 날 호수에 비친 자기 모습에 반해
그 속에 뛰어들어 목숨을 잃게 된다.
평소
나르키소스를 흠모하던 여성이 있었는데
그가 죽게 되자
나르키소스를 그리워하던 그녀 역시
그를 따라 호수에 몸을 던진다.
이를 측은히 여긴 제우스는
그녀를 프리지아 꽃으로 환생하게 한다.

[강민경 : 히아신스]
히아킨토스는
태양신 아폴로의 총애를 받던 미소년이었다.
하루는
아폴로와 원반던지기를 하던 중
그 원반에 머리를 맞아 히아킨토스가
죽게 된다.
안타까운 마음의 아폴로는 히아킨토스를
히야신스 꽃으로 다시 태어나게 했다.

현재 코리아에 환생한 두 사람은
노래하는 꽃으로 만나
사랑 짙은 향기를 뿜어내고 있다.

'별이 빛나는 밤'

이야기

♬ 신곡: '지극히 사적인 얘기'

1988년
한국올림픽이 개최되던
그즈음
나는 멀리 일본 땅에서
얼마나
아프고 아팠는지 모른다
약속했던 그날에 그리운
한국의
친구들을 만날 수 없었기
때문이었지
그때 너의 나이 딱, 한 살
그로부터
의문의 세월이 지난 지금
너는
한국과 일본을 자유로이
넘나드는
뛰어난 뮤지션이 되었다

이제 간곡히 부탁한다
부디 다음 생에는
나와 비슷한 나이로 태어나
활동해 주기를

미래 청약가수 1순위
- 윤하 -

'**기억**'할게요~

♬ 신곡: '바람'

형

나는 절대로 형이

여성임을 납득할 수 없습니다

왜냐면

형의 몸에서는 남자의

기^氣와

풍^風과

취^臭가

느껴지기 때문입니다

그럼에도 불구하고

모두를 향해

'내가 미친년이야'라고 한

그 말에는

무조건 동의합니다

메타버스급 대형가수
- 김보형[스피카] -

♬ 신곡: **'반성'**
♬ 역대급 노래: **'한번만 더'**[원곡가수 박성신]
◆ 메타버스(Metaverse): 가상세계와 현실세계의 경계가 없어지는 것을 가리키는 말. 여기서는 성별의 경계를 초월한 특별한 감성을 의미함.

흩어졌던
과거와 현재의 시간이
소리의 핵으로 다시 만나고
분열된 현대와 고전의 에너지가
음악적 융합으로 대폭발하는
초특급
예술

[터지면 무서운]
한국 퍼포먼스예술의 플루토늄
- 스테파니 -

'거짓말이야'~

♬ 신곡: 'Say It'
◆ '**거짓말이야**'[원곡가수 김추자]

머라이어 캐리
휘트니 휴스턴
제니퍼 허드슨
그리고…… 저
텍사스의 욘세
이후
가장 당돌하고
아찔한 음악적
궤 ~ ~ ~ 적

뮤직 원더우먼
- 에일리 -

'노래가 늘었어'
나중에 내 실력도 한 번
'보여줄게'~

♬ 신곡: 'THE BOSS'

당신은 분명
가수가 아닙니다 하지만
분명 당신은
가수를 위협하고 있습니다
혹?
암튼 'let it go'
그리고 그냥 go -

원컨대
가을의 열매가 익어갈 무렵
당신의 노래 **'자유의 날개'**가
들판에
울려 퍼졌으면 합니다

스케이트를 노래처럼 ♪
노래를 스케이트처럼 ♬
'얼음꽃'
- 김연아 -

- **'얼음꽃'**[원곡가수 아이유·김연아]
- **'let it go'**: 대충 그쯤 해두겠어[영화 겨울왕국 OST]
- **'자유의 날개'**: 2010년 '밴쿠버 동계올림픽'을 계기로 작사 작곡. 부제: '연아의 노래'

'다른 누구도 아닌 너에게'
노래의 신이 온 것 같아
그런데
노래할 때의 다소 피곤해하는
모습으로 보아
아주아주
먼 곳에서 온 것이 분명해 -
'반짝반짝' 'Venus'에서?

5차원 미래소녀
- 장재인 -

♬ 신곡: **'고마워요'**

- 심각한 질문 -

님의 노래 **'우쭈쭈'**는
법적으로
몇 살까지 감상 가능한
노래인가요?
단지
노래를 듣고 있을 뿐인데
왠지
죄를 짓는 것만 같은…

음^흠반 위의 요정
- 벤 -

♬ 신곡: **'벚꽃이 피면 우리 그만 헤어져'**

갈망하는 노래와

도발하는 율동에

오빠가 뒤집히다

21세기 가장 위험한 '꼬리'
- 선미[원더걸스] -

* 오빠들의 진심 *

선미의 미를 논하기에

'24시간이 모자라'

♬ 신곡: 'STRANGER'

나의 속된 미련이 다하여
세상의
마지막 꽃길을 걸어야 할
아름다운 그 순간을 위해
나는 오늘
소녀의 붉은 노래 하나를
가슴에 고이 간직합니다

'그대는 그렇게'

붉은 목소리
- 슬기[레드벨벳] -

♬ 신곡: 'Cosmic'

'있잖아'

너 자꾸 일방적으로

금요일 밤에 만나자고 하는데

먼저 난

'너의 의미'부터 묻고 싶어

너 대체, 날 어쩌려는

누구니?

미안해 **'이런 엔딩'**

치명적 악녀 樂女

– 아이유 –

♪ 신곡: 'Love wins all'
◆ **'너의 의미'**[원곡가수 김창완]

꼬꼬지
땅끝 마을 소녀는 까닭 모를
그리움에
남몰래 눈물짓곤 했습니다
그 눈물의미는 오직
바람만이 알고 있었습니다
시간이 흘러
소녀의 그리움은
하늘의 시가 되고 바다의 노래가
되었습니다
하여
어느 때는 '**뭇별**'처럼 반짝이다가
또
어느 때는 파도처럼 흐느낍니다

'시가 될 이야기'

그리움의 시 하나
- 신지훈 -

♬ 신곡: '우리의 이야기를 쓰겠소'

세기의 벽두
우주를 떠돌던 소행성 하나가
지구와 충돌했다

둥 ~

소행성의 충돌로 인해
지구에는 큰 웅덩이가 생기게 되었고
그리고
그 웅덩이로 빗물이 고이기 시작하여
마침내 그곳은 거대한 호수가 되었다
그로부터
셀 수 없는 연월이 흘렀다

어느 날
호수에서 물고기를 잡던 한 어부가
물 위에 떠 있는 큰 알 세 개를 발견하게
되었다
어부는 필시 그것이
하늘의 선물일 것이라 생각하여
크게 기뻐하며
조심조심 그 알을 집으로 옮겨와
벽장 속에 숨겨 두었다

다음 날 아침
숨겨 둔 알을 확인하기 위해
벽장문을 열어 본 어부는
소스라치게 놀라 그만 뒤로 엉덩방아를
찧고 말았다
그곳에는 알을 깨고 나온
여자아이 셋이 큰 눈을 껌벅이며
어부를
쳐다보고 있었기 때문이다

놀란 가슴을 쓸어내리며
어부는 다소 거칠게 물었다

느, 느그들 누구여?
느그들
뭐하는 가시내들이여?

그러자
여자아이들은 벽장에서 뛰쳐나와
이상한 춤을 추며 이렇게
노래했다

밥 밥 밥~♪
렛츠 고, 김치 깍두기~♪♪

어부는 혹 아이들이
배고픔을 토로하는 것이 아닌가 생각되어
측은지심에
한 솥 가득 밥을 지어 그들에게
주었다

순식간에 솥을 비운 여자아이들은
흡족한 듯
마당으로 뛰어나가 또다시 춤을
추며 큰소리로 즐겁게 노래했다

원더풀 우리 아빠 ~♬
브라보 우리 아빠 ~♬

어부는
그녀들의 노래에 흥이 나서
덩실덩실 함께 춤을 추었다
그리고
그녀들의 이름을 이렇게
지어주었다

'렛츠 고 밥'

즉

'밥 먹자'는 뜻이다

오늘날 사람들이
그녀들을 향해 부르고 있는
이름은
본래의 이름이 와전되었다

여가수 난생설화 중에서…

**알처럼 하늘에서
뚝 떨어진 '가시내들'
- 바버렛츠 -**

♬ 배고픔이 노골적으로 표출되는 노래: 'Barbara Ann'[원곡가수 비치 보이스(The Beach Boys)]

과거의 이별 여운과

현재의 사랑 떨림과

미래의 생각 향기가

별빛처럼 묻어나는 목소리

[내내 반짝였던]
'싱어게인 2'의 노래별
- 김소연 -

♪ 신곡: **'바다야'**
♪ 백미: **'얼음요새'**[원곡가수: 디어 클라우드]
♪ 희망후속곡: **'하늘아'**

[키 작은 라임 오렌지나무가 말했다]
난, 몸 전체로 말할 수 있어
잎을 통해서, 가지와 뿌리를 통해서
자, 들어봐
내 가슴의 고통 치는 소리를 들어봐!

- 〈나의 라임 오렌지나무〉 中 -

['**파란나라**'의]
작은 라임 오렌지나무
- 김유하 -

◆ '**파란나라**'[원곡가수 혜은이]
◆ 감성작렬 '**질풍가도**'[원곡가수 유정석]
◆ <나의 라임 오렌지나무>(J.M.바스콘셀로스 지음)

4장

한국 걸그룹

특별한
수식이 필요치 않을 것입니다
누가 뭐라 해도
한국 걸그룹과 팝 한류의
밀레니엄을 연 것은 당신들이기
때문입니다
예술은 바람과도 같습니다
예술은 늘
변화를 갈망하고 있습니다
오직
예술에 대한 열정으로써
지구 끝까지 나아간
연후
더욱 성숙하고 새로운 모습으로
세상의 중심
코리아에서 다시 만날 수 있기를
기원합니다
그렇게 하겠다고 말해 주세요

'텔미'

[45억 년 누적된]
K팝의 대폭발
- 원더걸스 -

♬ 명곡: '노바디'

조금 옛날
동방의 해 밝은 나라에
천상의
팔선녀가 강림하였어요
팔선녀는 사람들을 향해
'소원을 말해봐'라고 했고
나무꾼의 후예들은 하나같이
'날개 달린 선녀 옷이 보고 싶다'
소리쳤어요
그러자 팔선녀는
'지금은 그런 옷 없다'며
이렇게 노래했지요

'The Boys'
지지지지지 -

시대 초월
- 소녀시대 -

'몰랐니'?

♬ 시대초월 명곡: '다시 만난 세상'

복잡하지 않으면서 충분히
채워져 있고
단순한 듯, 더 없이
가슴을 두근거리게 하는
그녀들의 노래에서
나는
한류의 미래를 본다
특히
한 입으로 동시에
다국적 언어를 구사하는
그녀들의
노래 실력은 예술을 넘어
신기에 가깝다

'Lonely'에서 'Happy'까지
- 2NE1 -

'come back home'
'너 아님 안 돼'~

♬ 명곡: 'I AM THE BEST'

삶이 곤고하여

매일 매일 죽음만을 생각하던

어제의 제게 있어

'one more time' 그 뜻은

또 한 번의 인내와

그 너머의

희망이었습니다

[슬픔과 절망을 메이크업 하는]

뷰티 뮤지션

- 쥬얼리 -

♬ 명곡: 'Super Star'
◆ 'one more time'[원곡가수 인그리드(In-Grid)]

'귀요미' 냥이에서
정신을
혼미케 하는 여우로의 변신은
참으로 경이로웠습니다
'보핍보핍'~에서 '너 때문에 미쳐'
이후의
무한변신을 말하는 것입니다
변화를
두려워하지 않는 모두의 열정에
큰 박수를 보냅니다

[닌자의 변신을 능가하는]
동방의 여전사들
- 티아라 -

♠ 추신: みんな元気でね[민나 겡끼데 네]
직역: 모두들 건강해야 해 -
의역: 걱정 마, 다 잘 될거야 -

2029년

지구오염이 극에 달하게 되자

압축된

미래우주의 봉인이 풀리면서

태양계 저편으로부터 시간의

조각들이 지구로 튀어져 나왔다

순간

지구의 모든 'FM' 라디오에서는

다음과 같은 소리가 흘러나왔다

삐삐삐 뽀뽀뽀 **'빠빠빠'** 앗싸~

한국어 번역:

        삐삐삐: 우리는

        뽀뽀뽀: 지구를

        빠빠빠: 구하러

        앗 싸 ~ : 왔 다

미래우주의 파편

- 크레용 팝 -

♬ 어이없는 노래: **'어이'**

예쁘게 살았고
열심히 살았고
독하게 살았고…
그래도 그렇게
떠난다는 것은
도무지
말이 되지 않아
리세… 은비…

아마도 너희는 잠시 잠깐
천국을 이탈한
불량천사였음이 분명해
그래서
그것이 폭로될까 두려워
한마디 말도 없이 급히
천국으로 되돌아간 거지
'나쁜 여자[천사]'들…

불량천사 걸그룹
- 레이디스 코드 -

내, '천국장'님께 100년 후
갈 거라고 전해 두었으니
애슐리, 소정, 주니, 너흰
모두 걱정 말고 지구에서
놀아도 돼! 놀아!! 놀아!!!

................♥................

삶과 죽음은 서로 이어져
있기에 그래서 끝없이 순
환되고 있지 않을까 합니
다 삶에 까닭이 있다 한다
면, 그렇다면 분명 죽음에
도 슬픔으로만 놓할 수 없
는 삶의 고리로서의 소중
한 의미가 있을 것입니다

죽은 자는 틀림없이 그들
만을 위한 세상을 노래할
것입니다 그러므로 산 자
역시 생기 가득 오늘의 새
로운 삶을 노래할 수 있
어야 한다는 생각입니다
하여서 온 우주가 삶을
위한 노래로 아름 가득 피
어날 수 있었으면 합니다

[2014년]

♬ 신곡: '너의 대답은'? 'Stay Here'

소리의 피어남이
얼핏
봄 아지랑이처럼
설레고 아뜩하며
손끝의 흩날림이
구름 위를 춤추는 듯
유려하고 자유로운
영혼들

K팝의 신기원
- 피프티 피프티 -

♬ 신곡: 'Pookie', 'Perfect Crime'
♬ 설레는 곡: 'Cupid'
♬ 아뜩한 곡: 'SOS'

5장

크로스오버

꿈에서 꿈으로 날아올라
시간과 시간을 가로질러
이윽고 빚어낸 음률 하나

무지개 너머
'OVER THE RAINBOW'

신이 꺼낸 미래의 소리카드
- 김가을 -

♪ 1집 명곡: '어머님 전상서'
♪ 'OVER THE RAINBOW': [오즈의 마법사 OST]

자, 네게
다시 한 번, 삶의 기회가
주어진다면
너는 그것을 잡을 텐가
아니면
날려 보낼 터인가!

저승사자 여자친구
노래 사자
- 최예림 -

♬ 신곡: '꽃이 지네'
◆ 본문은 **'Lose Yourself'**의 일부를 의역힘.
◆ **'Lose Yourself'**[원곡가수 에미넴(EMINEM)]: 미국 힙합을 대표하는 곡

정갈한 외로움의 정적
절제된 기다림의 울림
정제된 그리움의 전율
그리고
그믐밤보다 짙은 여운의
'사철가'

도시에 숨겨진 소리 화초
- 하윤주 -

♪ 명곡: '**봄밤**', '**황홀극치**'
◆ 윤주별곡 '**My Heart Will Go On**'[원곡가수 셀린디옹(Celine Dion)]

대지의 조화로 생겨나
하늘의 기운으로 여문
벼 이삭처럼
농부의 조화로 태어나
자연의 품에서 길러진
그녀야말로
가장
기본에 충실한 인간예술이
아닌가 합니다

'될 놈'

해남의 예술
- 미스김[김채린] -

♪ 신곡: '**미스김**'
♪ 백미: '**그물**'[원곡가수 손빈]

멀고 먼 아메리칸 전생의

인연이

코리안 현생의 숨과 얼로

이어져

세월 깊은 음색의

코메리칸

트롯소녀가 되었습니다

'한 많은 금발소녀'

코메리칸 트롯싱어 -
아메리칸 폭스트롯의 완성 -
- 마리아 -

♬ 신곡: '거시기하네', '천년지애'
♦ 코메리칸 : 코리안 + 아메리칸

대중음악 영역에 있어
현재 과거풍의 음악을 '레트로'라
하고
과거 현재풍의 음악을 '뉴트로'라
한다면
그렇다면 당신은
레트로 가수입니까?
뉴트로 가수입니까?
음악은
당신을 이렇게 부르고 싶어
합니다

'제2의 연인'? 아니고요-

황트로 뮤지션
- 황우림 -

♪ 신곡 : **'내사랑 바보', '아빠 딸'**
◆ **'제2의 연인'** [원곡 김주리]
◆ 황트로 : 황우림 + 뉴트로

가을빛으로 물든 고향을
생각게 하는 그윽한 음률
그래서
따뜻해졌다 아련해지고
그리워졌다 구슬퍼지고
가까워졌다 멀어져가는
향수의 노래

[매일매일 생각나는]
가을빛 노래 향기
- 배아현 -

♬ 신곡: '배 띄워라', '100일'
♬ 백미: '동백아가씨'[이미자]

강물은 하늘 바닥에서 다시
만나고
사람은 인생 바닥에서 다시
만납니다
그리고 나는
홍대 바닥에서 그녀를 다시
만났습니다

'좋습니다'
그런 의미

[얼씨구 좋은]
한양의 트래식 명인
- 정다경 -

♬ 신곡: **'그 이름 엄마'**, **'하늬바람'**
◆ 홍대 바닥: 홍대 거리공연을 의미
◆ 트래식: 트롯 + 클래식[한국고전]

예술은

나를 놓아주는 세계입니다

예술은

나를 지워내는 세계입니다

예술은

나를 죽여내는 세계입니다

예술은

창조의 세계이며

창조란

놓아주고 지워내고 죽여낸

자유로써 구현할 수 있습니다

당신이

그것을 보여 주었습니다

당신은

창조의 여신입니다

날 생각해줘요, 'Think Of Me'

[미스트롯 3]
창조의 여신
- 염유리 -

♬ 신곡: '**금사빠**', '**바람처럼 네게 갈 테니**'
♬ 백미: '**봉선화 연정**'[김현철]
◆ '**Think Of Me**'[오페라의 유령 OST]

님의 목소리에서는

지수화풍 地水火風 의 4원소

가운데에

끊임없이 솟아나는 水의 기운이

강하게 느껴집니다

어쩌면 님은 지금까지

애써 도전을 한 것이 아니라

다만

뿜어내고 있었는지 모를 일입니다

그 水

'딱 백년만' 힘차게 뿜어내 주시면

감사하겠습니다

[마른 가슴 적셔주는]

트롯 스프링클러
- 김의영 -

♬ 신곡: **'내게 오세요'**, **'도찐개찐'**
♬ 희망후속곡: **'우산 쓰고 오세요'**
◆ 스프링클러(sprinkler): 물 분사기

조선 민초의 한恨

미국 인디언의 恨

스페인 집시의 恨

그리고

지구 어딘가의 恨이

찌개 얼큰하고, 파스타 걸쭉하게

배어나는

다국적 트롯감성

'베사메 무초'

글로벌 트롯스타
- 별사랑 -

♬ 신곡: '놀아나 보세', '한 뼘 인생'
◆ 글로벌트롯: '**베사메 무초**'[멕시코]

판소리 하던 여인이

떡 하니

트롯 무대에 나타났다

사람들은

그녀의 노래에 깜짝 놀라

입을 떡 벌렸다

이차저차 떡은

그녀의 인생기점이었다

[한국 최초]

꿀떡 소리 보유자

- 김소유 -

♬ 신곡: **'성질머리'**
♬ 명곡: **'숫자인생'**, **'두 여인'**

'꼬까신' 신고

어린 가슴 유라유라 ゆらゆら

'먹물 같은 사랑'으로

여자 가슴 이라이라 いらいら

실로 그녀의 목소리는

감성의 폭이 여여하다

곧

깊은 울림이 있음을

의미한다

무대 위의 유레카

- 김유라 -

♬ 명곡: '먹물 같은 [사랑] 참말로'
- 유라유라(ゆらゆら): 하늘하늘
- 이라이라(いらいら): 일렁일렁
- 유레카: 깨달음, 진리 등으로 해석. 여기서는 후자를 가리킨다.

노래는 시대를 대변하기도 하고

사람들의

꿈과 희망을 비추기도 합니다

그런데

그것을 증거 함에 있어서

음악적 소양은 물론

'왔다야' 눈매와 **'만고땡'** 치아까지

겸비한 특이가수가 있어

여기에 소개할까 합니다

다람쥐?

NO!!!!!

노래금맥 찾아내는

노다쥐

- 강혜연 -

♬ 신곡: **'가지 마오'**

순백과도 같은

그 소리 그 빛깔

제 글로는 나타낼 길 없어

천상계시인의

고깔 하나 훔쳤습니다

얇은사 하이얀 고깔은

고이 접어서 나빌레라

[승무를 연상케 하는]

순백의 민트롯

- 양지은 -

♪ 신곡: '**영등포의 밤**'
♪ 명곡: '**천리여행**', '**나비당신**'
◆ 민트롯: 민요 + 트롯
◆ 얇은사~나빌레라: 조지훈 시인의 '승무'에서

님께서

표현하고자 하는 그것은

노래입니까, 연기입니까?

조화입니까, 분열입니까?

사랑입니까, 갈등입니까?

감동입니까, 충격입니까?

희망입니까, 폭망입니까?

노래경연 역사상

가장 희한한 무대

'안되나용'

[몸으로 노래하는]

행위트롯 개발자

- 주미 -

♬ 예쁜 신곡: **'아기자기'**
♬ 백미: **'박달나무 그늘아래'**
♦ **'안되나용'**[원곡가수 김영철]

소리하늘이 소리 땅 진도를
낳았고
소리 땅 진도가 소리 딸 그녀를
낳았다
그로써 그녀는
진도 땅 송씨 가문에 입적하여
소리하늘의 역사가 되었다

'가인이어라'~

진도 땅 Song보 대사
- 송가인 -

♫ 신곡: **'지나간다고'**, **'아사달'**

제아무리 푸짐한 진수성찬도
그것을 취한 후에 혀끝에서
깔끔함이 느껴지지 않으면
잘 먹었다는 생각이 들지 않습니다
그리고
제아무리 성대한 트롯 잔치도
그것을 접한 후에 마음 끝에서
산뜻함이 느껴지지 않으면
좋았다는 생각이 들지 않습니다
진수성찬에 김치가 없고
트롯잔치에 당신이 빠질 때처럼
말입니다

트롯 포인트
- 마이진 -

♬ 신곡: '**청담동브루스**', '**사모애**'
♬ 백미: '**빈손**'[현진우]

사랑이시여
나는 당신의 세월을 범했고
당신은
나의 영혼을 범하였습니다
사랑이시여
어찌하여 우리는
싸움도 되지 않는 사랑을
하기 위해
무심한 강물과 스치는 바람처럼
그리 만난 것입니까
정녕 우리의 사랑은
이리 스쳐 지나는 것입니까?
사랑이시여!
사랑이시여!

'어떻게 살아'~

[곰탕 등의 탕류로써 논할 수 없는]
초강력 헥토파스칼 감성기압 보이스
- 홍자 -

[나는] **'까딱없어요'**
[너는] **'꽃놀이(나) 가요'**

♬ 신곡: **'하루만 더 살다 와요'**
◆ 헥토파스칼(hectopascal): 기압 단위 1파스칼의 100배

마님
마님의 노래에 대한 욕심은
온몸 가득한 듯 여겨집니다
한데 이름이 다소 허하거나
쇠하지 않으실까 사료 되어
소인
마님의 이름 전에, 살찐 소
한 마리 바치고자 하옵니다

김 양 → 김 [소] 양

'그래요', '흥부자'~

[새롭게 날아오른]
트롯 버터플라이
- 김[소]양 -

♫ 신곡: '**바람의 연가**'
♫ 백미: '**흐르는 강물처럼**'(川の流れのように)[원곡가수 미소라 히바리 (美空ひばり)]
◆ 역사 속 김양: 신라의 왕족[남성]

7장

일본 여가수

일본에서 가장

특이하면서 무개성하고

흥겨우면서 사색적이고

성숙하면서 사랑스럽고

시적이면서 동화적이고

서구적이면서 일본적이고

도회적이면서 시골스러운

다차원적

목소리와 노래

일본 시티팝의 신세계
- 다케우치 마리야 竹内まりや -

♬ '역'(駅)
♬ '플라스틱 러브'(Plastic Love)

엔카의 여왕이라 불리는 미소라 히바리 美空 ひばり와 비견 되는 여가수가 있다 15세의 나이에 데뷔한 그녀는 홍백가합전 45회의 출연기록을 보유하고 있으며 60대의 현재까지도 왕성히 활동하고 있다 엔카 특유의 처연함을 표현함에 있어 가히 일본 최고의 실력자라 할 수 있다 한편 처연함과는 정반대의 느낌을 주는 번안곡 경상민요 뱃노래는, 한국인에게 반드시 소개하고 싶은 노래이기도 하다

영원히 지지 않을 사쿠라
– 이시카와 사유리 石川絹代 –

♬ 처연함의 대표곡 **'스가루가이쿄 후유케이시키'**(津軽海峡 冬景色, 스가루 해협의 겨울 풍경)
◆ **'뱃노래'**: 경상도민요

1983년서부터 1994년까지의

일본생활 약 11년 동안 나는

방송을 통해

음반을 통해

무대를 통해

클래식 대중음악 할 것 없는

다양하고 화려한 일본음악의

르네상스를 경험하였습니다

그리고

일본에서의 마지막 날 밤 나는

비밀 꽃씨처럼, 노래 하나를

마음 이랑에 심어두었습니다

'**夢をあきらめないで**' 유메오 아키라메나이데

꿈을 포기하지 말아요

일본가요의 순수절정
- 오카무라 다카코 岡村孝子 -

♠

2019년경 급성백혈병 진단을 받아 치료에 전념했던 그녀는 치료의 고통으로 인해 절망의 나날을 보내던 중 딸의 권유로, 자신의 노래 '꿈을 포기하지 말아요'를 들으며 재기를 꿈꾸게 되었다고 한다. 과거의 목소리를 회복하지는 못했으나 다시금 무대 공연과 TV 출연 등으로 활동을 이어가고 있다.

당신의 노래는

진땀과 눈 땀으로 시작된

힘겨웠던 나의 유학생활에

참으로 까슬까슬한 휴식을

선물해 주었습니다

그 후

소낙비 같은 시간이 흘렀습니다

늦었지만

그러나 전혀 늦지 않은

감사의 제 마음을 이제야 전합니다

일본 아이돌의 숨
- 마츠다 세이코 松田聖子 -

♬ 까슬까슬 노래: '푸른 산호초'(青い珊瑚礁)
♬ 몽실몽실 노래: 'Sweet Memories'

마츠다 세이코 ^{松田 聖子} 와 두 축을 이루며 일본음악계를 이끌었던 뛰어난 실력의 아티스트로서, 특히 80년대 유명 인기가요 순위에서 69주 연속 1위를 기록하기도 했다 포크송에 익숙해 있던 당시 저자에게 그녀 노래는 실로 짙은 타격감으로 다가왔다

J팝의 초현실주의
- 나카모리 아키나 中森明菜 -

♬ **'정열'**(DESIRE)
♬ **'십계'**(十戒)

한겨울 추위를 녹여내듯

따뜻한 미소

세상의 아픔을 쓰다듬듯

상냥한 목소리

그리하여

서로의 경계를 허물게 하고

마음을 하나 되게 하는

사려 깊은 누나의 노래

'道化師のソネット'

어릿광대의 소네트

뮤직 소울메이트
- 우타고코로 리에 歌心りえ **-**

♪ 1995년 발표 곡: '**200배의 꿈**'(200倍の夢)
♪ '**어릿광대의 소네트**'[원곡가수 사다 마사시(さだまさし)]
♪ 백미: '**제비꽃**'[원곡가수 조동진]

145

소화 시대로부터 이어진 일본 내의 르네상스 음악은 그녀의 등장으로 현대적 기조로 새로운 전기를 맞이하게 되었다 1999년 발표한 'FIRST LOVE'는 일본 음반 역사상 최고의 판매량을 기록하며 이전의 수많은 음악들을 지워버렸다

우아한 개벽
- 우타다 히카루 宇多田光 -

♪ 'Automatic' (1998)
♪ 'Distance' (2001)

'우타다 히카루'가
일본 르네상스 음악의 새 장을
열었다면
그녀와 그녀 노래는
일본 대중음악 예술의
정점을 찍었다
그것은
아시안 뮤직의 정점이기도
했다

하이브리드 뮤지션
- 나카시마 미카 中島美嘉 -

♪ '눈의 꽃'(雪の華)
♪ '내가 죽으려고 생각했던 것은'(僕が死のうと思ったのは)
◆ 하이브리드 뮤지션: 여기서는 고전미와 현대미를 동시에 지니고 있는 가수를 의미한다.

내일은
내일의 바람이 부는 것처럼
어제는 어제의 노래가 있고
오늘은 오늘의 노래가 있을
것입니다
그런데 2024년
현재를 노래하는 당신에게서
어제의 J팝 여가수들이
중첩되어 보이는 것은 저 만의
착각일까요?

그만큼
음악적으로 성숙하고
매력이
넘친다는 의미입니다

일본 융합음악의 에이스
- 나츠코 奈津子 **-**

♬ **'잊혀지지 않는 날들'**(忘れられない日々)[원곡가수: MISIA]
♬ 백미: **'사랑'**[원곡가수 나훈아(羅勳兒)]

당신은 역사입니다
과거한국인의 역사이며
현재
재일한국인의 역사입니다
그리고 당신은
미래
한일음악역사의
새바람입니다

'바람 바람 바람'

한일 음악사의 새바람
- 마코토 -

♬ '**바람 바람 바람**'[원곡가수 김범룡]
♬ 백미: '**줄리아에 상심**'(ジュリアに傷心)[체카-즈, チェッカーズ]

1980년대의 일본음악은
하늘을 달리고 있었으며
가수들의 텐션 역시 한껏
고조 되어 있었습니다
그래서
세월의 무정함이 느껴지는
오늘의
그녀 목소리와 노래에서
시대는 변하며, 소리 또한
반복
순환되고 있음을 새삼
깨닫게 됩니다

알라뷰~ 'I Love You'

일본 대중가요의 미래
- 후쿠다 미라이 福田未来 -

♪ 'I Love You'[원곡가수 오자키 유타카(尾崎豊)]
♪ 백미: '**잊지 말아요**'[원곡가수 백지영]

음악에

정답은 없다는 생각입니다

음악에는

한국과 일본의 국경도 없고

어른과 아이의 경계도 없을

것입니다

음악이란 그 자체로

사랑이며 자유이기 때문입니다

현해탄을 넘나드는

당신의 음악열정을

지지합니다

사랑과 자유의 메신저

[아틀란티스 키츠네]

- 소희 -

♬ 걸그룹[C.I.V.A] 데뷔곡: '**왜 불러**'[리메이크 곡]
♬ '**어머나**' [원곡가수]: 장윤정
♬ '**외로운 열대어**' 淋しい熱帯魚 [원곡가수]: wink

남성에게 있어

여성의 러블리와 큐티는

신중히 해석해야 할

일상의 과제입니다

그런데

러블리와 큐티를 지니고서

노래까지 참신한 일본사람

당신은

[댓글을 근거로]

한국의

많은 남성을 난처하게 만들고

있음이 분명합니다

해석의 범위를 벗어나지 않도록

유의해 주시길 부탁합니다^^!

'지지 말아요' 負けないで

일본사람 큐티 싱어

[아틀란티스 키츠네]

- 카노우 미유 過能未優 -

♬ '**지지 말아요**'(負けないで)[원곡가수 ZARD]
♬ '**어머나**'[원곡가수]: 장윤정
♬ 백미: '**사랑을 전하고 싶다던가**'[아이몽, あいみょん]

어림으로

원의 중심을 정확히 찍기는

참으로 어려운 일입니다

그런데

한일의 음악을 원이라 가정할 때

그 중심을 찍는 것은

눈을 감고서도 할 수 있는

초 간단한 일입니다

'아'짱의 노래가 바로 그 자리일

것이기 때문입니다

한일뮤직 콤파스
- 스미다 아이코 住田愛子 -

♬ 한일 콤파스 송: **'긴기라기니'**[원곡가수 곤도 마사히코(近藤真彦)]
♬ 백미: **'발렌티'**[원곡가수 보아]

트롯과 엔카에서

찐한

흙 내음을 느낄 수 있는 것은

아마도

우리들 삶의 흔적이

노래 속에

깊이깊이 스며있기 때문이 아닐까

합니다

나는 문득, '아키'의 노래를 통해

오래전

가슴 깊이 묻어둔 일본의 향기를

다시금

꺼내볼 수 있었습니다

일본 대지의 젊은 향기
- 아즈마 아키 東 亜樹 -

♪ '**오쿠히타 모정**'(奥飛騨慕情)[원곡가수 류 테츠야(竜 鉄也)]
♪ 백미: '**배 띄워라**'[한국민요]

8장

한국 음악방송 사회자 한국 소프라노 언더그라운드

힘겹게 이어지는 우리의 삶과 늘 가까운 거리에서 함께하며 위로해 온 것이 대중음악예술이며 그리고 현대에 있어 대중음악은, 방송매체를 통해 비로소 예술적 가치의 절정을 이루게 되는 것이 아닌가 합니다. 노래로써 대중음악의 예술적 가치를 이어온, 현존하는 방송매체 가운데 '가요무대'는, 실로 한국 음악방송에 있어서의 산 역사이자 중추임에 틀림없다는 생각입니다. 그리고 그것이 실현될 수 있도록 헌신하고, 배려하고, 가꿔 오신 분이 바로 사회자 김동건 형님이 아니신가 합니다. 형님의 격조 높은 방송진행은, 사회자로서, 대한민국 최고의 실력자임이 분명할 것입니다. 시청자의 한 사람으로, 이제까지의 노고에 깊이깊이 감사드리며, 미래의 음악방송역사 또한 건강하고 활기차게 이어가 주시기를 간절히 소망합니다.

한국 음악방송의 페스탈로치
- 김동건 -

♦ 페스탈로치: 요한 하인리히 페스탈로치(Johann Heinrich Pestalozzi), 스위스의 교육학자이자 사상가. 어린이들에게 조건 없는 사랑을 실천하였다.

어머니께서는……
　　　　　아침 햇살과
　　　　　봄꽃 향기와
　　　　　구름 호수와
　　　　　무지갯빛과
　　　　　가을 하늘을
당신의 영혼에 담으셨습니다
부디 그 사실을
바람의 노래로써 세상 모든
사람들이 알게 해 주시기를 -

'방금 들린 그대 음성'

꿈 그린 목소리
- 소프라노 박혜상 -

◆ **'방금 들린 그대 음성'**(Una Voce Poco Fa): 롯시니(G.Rossini)

하늘 하늘
부산 광복동에도
광주 금남로에도
서울 광화문에도
그리고
새벽 별 차가웠던
남태령 고개에도
하염없이 새하얀
그날의 이야기들

'12월 이야기'

시율^{詩律}의 눈꽃송이
- 한강 -

♫ 어떤 찬가: '**나무는**'

9장
한국가요계의 전설

당신께서 오늘 **'나이야 가라'**~며 노래
했기 때문이 아니라
사실 여성에게 있어 나이는 큰 의미가
없다는 생각입니다 왜냐하면 여성이란
과거 기억을 기초하여 사고하는 남성과
달리
순간순간, '자유와 창조'의 생명력으로
존재하고 있음을 깨달았기 때문입니다
그래서 당신의 노래에서는
늘
나이를 잊게 하는 투명한 울림이
공명되고 있음을 느낄 수 있답니다

우주최다 공연가수 -
가수최고 기부천사 -
- 하춘화 -

♬ 신곡: **'정에 울고 임에 울고'**
♬ 불멸의 명곡: **'물새 한 마리'**

궁극의 맛과 향에 도달한

명품 와인과 같은

그리고

청량한 음색과 함께 묻어나는

반전의

고혹적 섹시미까지

그런

특별한 감성의 당신 노래가 있다면

삭막한

'무인도'에서도 **'꽃밭에서'**처럼

아름답게 살 수 있을 것입니다

가슴속
영원한 음악적 연인
- 정훈희 -

♬ 불멸의 명곡: **'안개'**
♬ **'무인도'** [원곡가수 김추자]

님의 은퇴는
참으로 아름답고 아팠습니다
하오나
님은 결코 사람들과 **'이별'**하지
않았습니다
그로써 님께서는
죽지 않는 불사조가 되어
모두의 가슴에서
영원한 청춘으로 노래할
것입니다

노래의 화신
- 패티김 -

죽기 전 듣고 싶은 노래
'9월의 노래'

죽은 후에도 듣고픈 노래
'가을을 남기고 간 사랑'

시대를 밝히는 아침의 노래

아침을 밝히는 희망의 노래

희망을 밝히는 미래의 노래

미래를 밝히는 사랑의 노래

사랑을 밝히는 기쁨의 노래

한국가요의 일급생명수
- 박재란 -

'산 너머 남촌에는', '목장 아가씨'

♬ 80세의 신곡: **'꼴찌면 어때서'**

당신의
번안 명곡 'O Danny Boy'는
아직 3살 어린 가슴의 저에게
알 수 없는
떨림 하나를 안겨 주었습니다
그로부터 저는
당신의 노래를 여자친구인 양
쫓게 되었습니다
초연한 감성의
'떠날 때는 말없이' 그 노래는
만남보다 이별이 많았던
제 인생극의
테마곡이기도 했습니다
그리하여 저는 이 글이 완성되면
장모님을 뵈올 듯
과일 꾸러미 지고 메고 기쁨 가득
당신께 달려가려 했습니다
그러나 당신께서는
약속의 흔적 하나 남기지 않으시고
홀연히
어디론가 떠나셨습니다

★ 이제 천국의 노래를 불러 주십시오 ★

대한민국 최고의 여가수 -
별 중의 '**별**' -
- 현 미 -

♬ 마지막 신곡: '아내'
♬ 'O Danny Boy'(아 목동아)[영국민요]

편지

정리를 하고보니, 딴으로는 자랑하고자 한 것이 오히려 누가 되지 않을까 적이 염려됩니다. 부족하고 외람된 점, 부디 큰마음으로 헤아려주시길 부탁드립니다. 비록 이 책에 이름을 올리지는 못하였으나, 뛰어난 실력과 음악성을 지닌 한일양국의 모든 여성가수들과 또한 남성가수들께 하늘만큼 땅만큼의 깊은 사랑을 전하며, 끝의 아쉬움에 대신합니다. 사랑합니다. 존경합니다. 지구별의 가수로 태어나 주셔서 감사합니다.

- 작가 올림 -

••• '친구야' 노랫말 •••

– 친구야 –

[노래. 1]

친구야, 너희는 무엇을 찾기 위해
그리그리 헤매고 있니-
너희가 찾는 것이
식탁 위에도 없었고 책상 위에도 없었고
매일매일 선생님에게 물어도
모른다, 모른다 그렇게 말했니-

그래, 그래-
없었지, 없었지 너희가 찾는 것이
그곳에 있을 리가 없었지-
우리도 옛날엔 그렇게 살았었거든-

[rap]

그래 그 맘 알아 아픈 그 맘 알아
세상에 아프지 않은 마음 없지-

어른들 사람은 무슨 생각 먹고사나-

선생님 친구는 어느 별에서 왔을까-
엄마하고 아빠도 우리처럼 아팠을까-
그렇게도 물었었지-

답답한 맘 풀어질까
구르고 지르고 몸부림을 쳐도-
세상은 온통 가을에서 겨울 가는
차가운 그 계절의 연속이었지-

이 세상은 누가, 누가 낳았기에
마음 하나 찾지 못할 삭막한 들바람일까
그렇게도 보였었지-

근데
오늘 아픈 너희 모습 보는 순간
그때 우리가 찾던 것을 이제야 알았어-
그것이 무엇이고 어떻게 생겼는지
이제야 보았어-

우리가 찾았고 너희가 찾는 건
바로 바로 내일이야-
아무리 찾아도 찾을 수 없었던
바로 그 내일이야-

[노래. 2]

친구야, 친구야-
그건, 그건 찾는 것이 아니었어-
찾는 것이 아니라 만드는 것이었어-
내일이란, 내일이란 만드는 거야-

[봐]

이미 얼마나 많은 내일의 모습들이
살아가고 있니 -
보이는 모든 것이 너희의 꿈이야-
내일이야, 희망이야-
모르겠니? 모든 것이 너희의 세상이야!

[1995년]

에필로그

 음악은 영감으로부터 시작된다. 음악은 기술적 표현 정도나 깊이에 상관없이, 이미 심미적이며 매우 심층적일 수 있다. 그래서 노래와 노래를 부르는 사람에 대한 어떤 느낌을, 모두가 공감할 수 있는 글로써 나타낸다는 것은 결코 쉬운 일이 아니었다.

 이 책은, 처음의 동기를 찾기 위해서는, 적어도 30여 년 전의 시간으로 되돌아가야 하며 또한 이 글 속에는 내 나이만큼의 감성이 배어 있다고도 할 수 있다. 이런저런 이유로 가수들의 범위 역시 더 이상을 초과하기는 어려웠다. 한 사람의 가수에 대한 어떤 느낌을, 내가 원하는 분위기의 글로 요결해 내기 위해서는, 비록 한 줄의 짧은 글이라 할지라도 긴 시간 그 가수의 음원 및 자료 등을 탐색해야 하는 과정이 필요했기 때문이다.

 한 가지 반드시 주지하고 싶은 것은, 이 책 속에서의 모든 여가수와 그녀들에 대한 느낌은 단지 내 개인의 요구나 취향에 따른 감성적 결과일 뿐이라는 것이다. 이를테면 이 책 속에 언급되지 않았다 하여 그들의 음악적 역량이 부족하다는 것이 아니며, 이 책 속의 가수라 해서 다른 모든 사람들의 음악적 욕구를 충족시킬 수는 없으리라는 의미이다. 무엇보다 이 책은, 방송에서의 인기순위와 무관한, 순수한 차원에서의 독자적 피력과 감사와 독려가 배경의미라 할 수 있다.

  음악을 공부한 사람으로서 한 가지 자신 있게 말할 수 있는 것은, 여성 남성을 불문하고 한국의 모든 가수들의 노래 실력은, 이미 충분히 절정의 수준에 도달해 있다는 사실이다. 돌이켜보면 1990년대까지만 해도 아직 한국의 대중음악은 J팝이나 A팝 등의 뒤를 쫓는 듯했다. 하지만 2000년대 이후부터 상황은 급격히 변화되기 시작했다. 글로벌한 발상의 창의적 선율은 물론 적극적이며 세련된 율동까지, 그야말로 오늘에 이르러 한국음악은 세계 최정상을 달리고 있음이 분명하다.

  그러나 제아무리 세찬 강물이라 해도 그것이 작은 샘에서부터 시작된다는 사실을 잊어서는 안 된다는 생각이다. 해서 나는 이 책이 오늘의 강물을 거슬러 그것을 흐르게 한 작은 샘을 찾아내는 계기가 될 수 있었으면 한다. 그리하여 그것을 자랑스러운 한국 음악사의 원천으로 소중히 지켜갈 수 있었으면 하는 바람이다.

음악은
마음의 고향으로 되돌아가는 것을
도와주는 징검다리와 같다
그래서
지난날의 음악으로 되돌아가면 갈수록
짙은 향수의 그리움과 따스함을 느끼게
된다